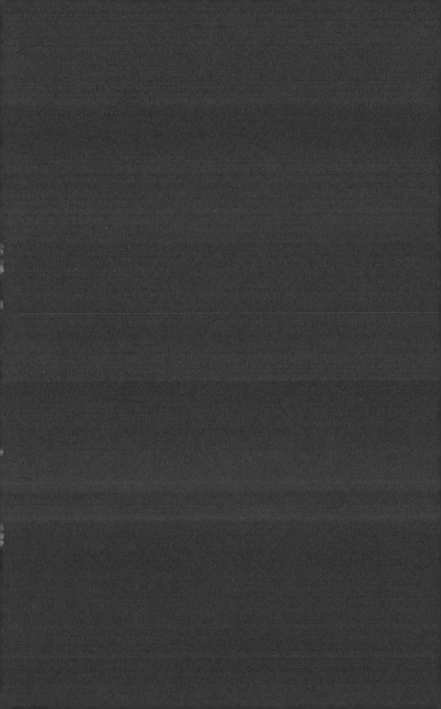

まんがでみる

ボトムアップ理論

◎畑 喜美夫 著

◎近藤こうじ まんが

◎浅井千春 シナリオ制作

ザメディアジョン

目次

おもな登場人物

川《かわ》村《むら》 綾《あや》菜《な》
（16歳・高1）

安芸南高校1年生。吹奏楽部に所属。弟の和喜の所属する里美サッカークラブ再生のため、自らマネージャーに立候補。「ボトムアップ理論」に基づいたチーム作りに奮闘する。

〈安芸南高校〉

野《の》々《の》村《むら》 心《こころ》（16歳・高1）

安芸南高校サッカー部。
綾菜の中学校時代の同級生。

津《つ》原《はら》 裕《ひろ》喜《き》（18歳・高3）

安芸南高校サッカー部キャプテン。
野々村と共に綾菜を応援する。

如月《きさらぎ》 洋《よう》子《こ》（18歳・高3）

安芸南高校吹奏楽部副部長。
綾菜の良きアドバイザー。

畑《はた》 喜《き》美《み》夫《お》

安芸南高校教師。サッカー部監督。
「ボトムアップ理論」の提唱者。

〈里美サッカーチーム〉

川村《かわむら》 和喜《かずき》（10歳・小4）

綾菜の弟。地元の里美町のサッカークラブに入団するが、いつもコーチに怒られてばかり。

地域の強豪サッカークラブから移籍してきた3人

瀬野《せの》 裕馬《ゆうま》（12歳・小6）

宮澤《みやざわ》 慎吾《しんご》（11歳・小5）

沢野《さわの》 裕太《ゆうた》（10歳・小4）

大野《おおの》 光希《こうき》（11歳・小5）

清水《しみず》 大地《だいち》（11歳・小5）

髙田《たかだ》 真琴《まこと》（12歳・小6）

井上《いのうえ》 優斗《ゆうと》（12歳・小6）

新山《にいやま》 駿《しゅん》（12歳・小6）

篠宮《しのみや》 悠《ゆう》（12歳・小6）

田岡《たおか》 幹生《みきお》

里美サッカークラブのコーチ。「トップダウン」の指導を行う。

小林《こばやし》 芳郎《よしろう》

里美サッカークラブの監督。

1章

“選手が主役”のボトムアップ理論

川村
起きなさい和喜！
ったく…
日曜日だからっていつまで寝てんのよっ！
川村綾菜
あれ？
ははは
ひっかかったな姉ちゃん！

川村和喜
なんだ起きてたの？
てか 何よ そのカッコ…
サッカーウエアに決まってるだろ！
あ！
今日から練習なんだ！
うん！
コーフンして5時に起きちゃったよ！
はりきるのはいいけど ちゃんと寝てなくて大丈夫なの？
里美サッカークラブは練習厳しいらしいわよ！
よっ…

大丈夫だよ！
だって みんなと サッカーできるん だもん！
そっか…
あんた ずっと一人で 練習してたん だもんね！
じゃあ 行ってきまーす！
こら！道路で リフティングは やめなさい！
ほーい！
これで 泣き虫の和喜も
少しは強く なるかしら…
さてと…
私も
がんばら なくっちゃ!!

4月！
入学式
芸南高等学校
野球部員大募集中だよ！
一緒に目指そう甲子園！
これからはテニスだよテニス！
すごい活気！やっぱり運動部も盛んだなあ・・・・
そこのお嬢さん！
わがサッカー部に入りませんか？

よっ！
川村
野々村　心
なんだ野々村くん
じゃない！
何やってんのよ？
見りゃ
わかるだろ
勧誘だよ
勧誘！
サッカー部員
大募集!!
え？じゃあもう
入部したの？
そう
で最初の仕事が
コレ！
川村　まだ部活
決めてないなら
サッカー部の
マネージャーに
ならない？
面白そう
だけど
私は
吹奏楽部に入るって
決めてるから
そうか
まぁ　川村は
中学でもずっと
クラリネット
吹いてたもんな…

気合い入れて新しいクラリネット買っちゃったしネ！
でも ここの吹奏楽部は けっこうレベル高いから大変だぞ
だから やりがいがあるんじゃない
相変わらずポジティブだな川村は
あ そうだ 野々村くん！
え？
こんど 弟の和喜が里美サッカークラブに入ったの！
色々教えてやってくんないかな？
へ～ あの和喜くんが
サッカーを？
やる気はあるみたいなんだけど
たぶん クラブの中で一番経験が少ないと思うんだ
やる気があるなら大丈夫だろ
困ったらいつでも相談に乗るし！
ほんと!?
ありがとう!!

吹奏楽部
はい じゃあ次の人！
海山中出身川村綾菜です！
パートは3年間ずっとクラリネットでした！
今年はクラリネットの希望者が多いから
ちょっと厳しいかな…
とりあえず第三希望まで書いて提出しておくように
パート決めは6月頃になるから
え⁉
部長！私どうしてもクラリネットがやりたいんです‼
新しいの買ったばっかだし…
そう言われても…
他の人の方がうまければ違う楽器になるかもしれないよ
そ…
そんな…
ちょっと待って！

入部早々にやる気をそぐようなことを言うもんじゃないわよ
山田部長
吹奏楽部副部長
如月 洋子
しかし
へんに希望を持たせて落胆させるよりはいいんじゃないか？
チャンスはみんな平等にあるんだから
この2ケ月間希望を持って全力を出してもらいましょうよ
でないと 良い才能を逃すことになるかもよ
そうか
まあ 如月くんがそう言うなら…
如月先輩…
なんか大人だなぁ超キレイだし…
そういうことだから
川村さんもがんばって！
あ！はい!!

3ヶ月後
綾菜は真面目だね～
日曜の朝から自主練だなんて！
やっと正式にクラリネットに決まったんだもん
先輩たちにがっかりされないように もっとうまくならなくちゃ！
私のオーボエは意外と競争率低かったからな…
ん!?
ねえ綾菜！
あれって…
どよ～ん！
和喜!?

……
和喜 何やってんの 練習は？
今日は昼からなんだ…
お姉ちゃんと約束したよね？
練習厳しくてもがんばるって
うん わかってる
大丈夫だよ…
めちゃめちゃがんばるから…
ぜんぜん大丈夫じゃないな…
セリフと表情が真逆だわね…

しくしく
しくしく
しくしく
ちょっ…
どうしたのよ
和喜!?
しく
しく
しく
しく
ぼ…ぼぐ
もう練習
行ぎだぐ
ないよう…
サッカーが好きだから
自分で行くって
決めたんでしょ?
そ…
そうだけど
もう
いやなものは
いやなんだよう…
……

わかった！
じゃあ 今度 お姉ちゃんが練習 見に行ってあげるから！
なんで？
がんばってる 和喜を応援する ためよ！
いやだ
はずかしい よう！
どうして？
だって
僕 いつも 怒られてばっか なんだもん
何言ってんのよ 和喜は初心者なん だから あたりまえ でしょ
お姉ちゃんだって クラリネット始めた 頃は毎日怒られてたん だから
ほんとに？
そうよ！ だから和喜も もう少しがんばって みなよ
う… うん！

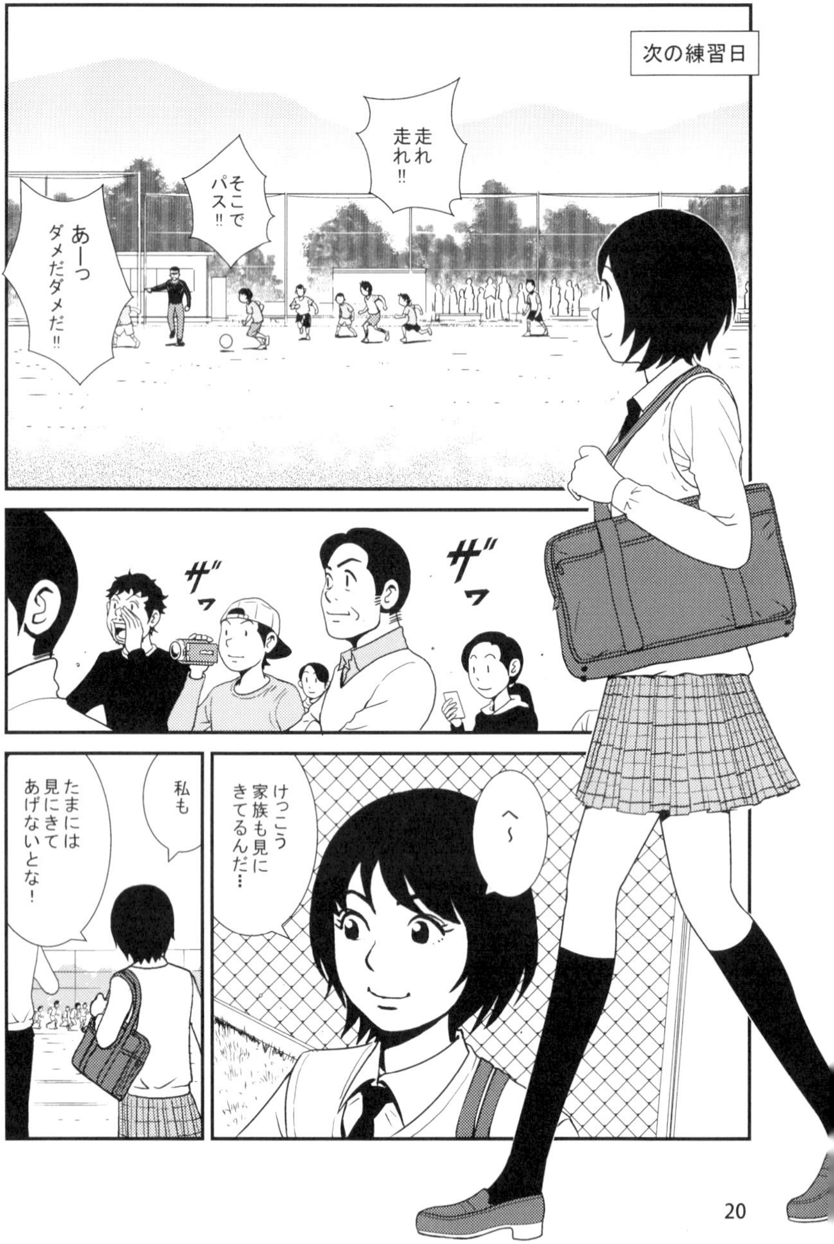
次の練習日
走れ走れ!!
そこでパス!!
あーっダメだダメだ!!
ザワ
ザワ
へ〜
けっこう家族も見にきてるんだ…
私も
たまには見にきてあげないとな!

コラーッ!!
和喜 またおまえか!!
まわりをよく 見ろと何度言ったら わかるんだ!!
里美サッカークラブ コーチ
田岡 幹生
は… はい…
声が小さい!!
はいっ!
あちゃー
さっそく和喜が 怒られてるよ…
光希! 違う! そうじゃない だろーが!!
はい!
なんだ
他の子も 怒られてる じゃない…
和喜くんの お姉さんですか?

いま怒られてた大野光希の父親です
ウチは5年生だけど初心者だから和喜くんと同じで怒られてばかりでねえ
そうなんですか！
でも年下の和喜くんに負けまいと
なんとかがんばってますよ
あのコーチっていつもあんな感じなんですか？
そうだね
田岡コーチは高校時代に全国ベスト４の経験もあるし
以前コーチをしてたクラブでも熱血指導で実績をあげてるんだよ
そうなんだ…
里美はまだできたばかりのクラブだから
強くするためにはあれくらい厳しくやった方がいいんだろうけど…
あ！監督

私は
あまり好きな
やり方ではないな
里美サッカークラブ監督
小林 芳郎
監督さん
ですか？
いちおう
そういうことには
なっているが…
サッカーは
学生時代に少し
かじった程度だから
実績のある
田岡コーチに
まかせっきり
でねえ
そうなんですか
近頃は
タヌキの置物と
呼ばれてるよ
はっ
はっは
はは
似てる…
は
よし！
いいぞ！
そのまま
キープだ！
最後まで
持っていけ!!
ドドドドド

ドン
わ!
すごっ!!
あの3人は移籍組でね
前にいたクラブは強豪だったからレギュラーになれなかったけど　実力はかなりのものだよ
いまシュートを決めたのが6年生のキャプテン瀬野裕馬くん
5年生の宮澤慎吾くんと4年生の沢野裕太くんは
瀬野くんを追ってこのチームに入ったんだよ

初心者の和喜たちとは
ずいぶん差があるなあ…
でも あの清水大地くんは入ってまだ半年だけどけっこう上達してるよ
ダダダダダ
うわ！ドリブル速いですね
あっ
やっぱまだまだかな…
コラ大地!!
おまえは無駄な動きが多すぎるぞ!!
キーパーの井上くんや長身の高田くんあたりの6年生が
もっと上達してくれるとバランスも良くなると思うんだけど…
なるほど… 学年と経験が入り乱れてるから
上下関係も複雑なわけか
コラ!!

もういい!
おまえら二人
そこで見学してろ!!
は
はい!
見学って…
よし
上出来だ!
次はさらに
上のステップに
いくぞ!
たしかに
あの子たちは
うまいけど…
これじゃ
初心者組との差が
広がってしまうん
じゃ…

私は素人だから間違ってるかもしれないけど
この練習で本当に強いチームになるんですかね？
どうだろうね
いいんじゃないですか？
僕らの世代はさんざんしごかれて強くなったもんですよ
だめだ‼
もう一度やり直せ‼
はい！
でも…
なんか
違う気がする…

翌日
野々村くん ちょっといい？
ん？
何だよ 川村
やっぱ サッカーの練習って つらいもんなの？
高校では どうなのかなと 思って…
どうって
けっこう 楽しいぜ
うそ！ 楽しいの⁉
じゃあ ちなみにどんな 練習してるの？
どんなって 言われても
普通だと 思うけどなァ
でも安芸南高の サッカー部は 強いんでしょ？
何か秘密が あるんじゃないの⁉

じゃあ見学来るか？
行く行く‼
今日行っちゃう‼
あ 今日はやらないよ
え？
3日後の木曜日
ふつう部活の練習って毎日じゃないの？
しかも強い高校なら朝練までやるイメージだけど…
パスパス！
オッケー！
てか
やっぱ高校生だと迫力あるな…
お！新しいマネージャーさんかな？

いいねえ
フレッシュなマネージャーがいると選手のモチベーションもあがるよ!
安芸南高サッカー部監督
畑 喜美夫
あ…いえ ただの見学です
あ そうなんだ
サッカー部の監督さんですか?
そうだよ
あの…さっきから指示とか全然されないみたいですけど
いいんですか?
僕は
観守ってるだけかな
あ!
もしかして監督さんも素人ですか?
はははっ! そういうわけじゃないけど
うちのチームは選手たちの自主性を大事にしているからね

練習後のミーティング
野々村
さっきのオーバーラップが失敗した原因は何だと思う？
サッカー部主将
津原裕喜
はい！僕が木村先輩のスペースを壊したからです！
仲間の動きをよく見てなかったのが原因だと思います！
その前の段階で
他の選択肢も考えていれば対応できたんじゃないか？
そうか！
中央にパスするとか色々ありましたよね
よし！じゃあ次の課題にしよう！
次は鈴木！二度目のセットプレーの時の動きだけど…
はい！
へー…
選手だけでもすごくイイ感じのミーティングができてるな…

翌日
昨日はありがとう
おう何か参考になったか？
うん！ちょっぴり感動しちゃった
監督が素人でもちゃんとやれるんだなって！
え!?
ちょっとまてよ！
畑先生は素人なんかじゃないぞ！
そうなの？
あのなぁ…
畑先生は学生時代全日本ユースの代表で超一流選手だったし
前に監督してた高校を全国優勝に導いた名監督なんだぞ！
MORELIA
え!!
マジ!?
そしてウチの部は
畑先生の提唱するボトムアップ理論を取り入れることで強くなったんだ！

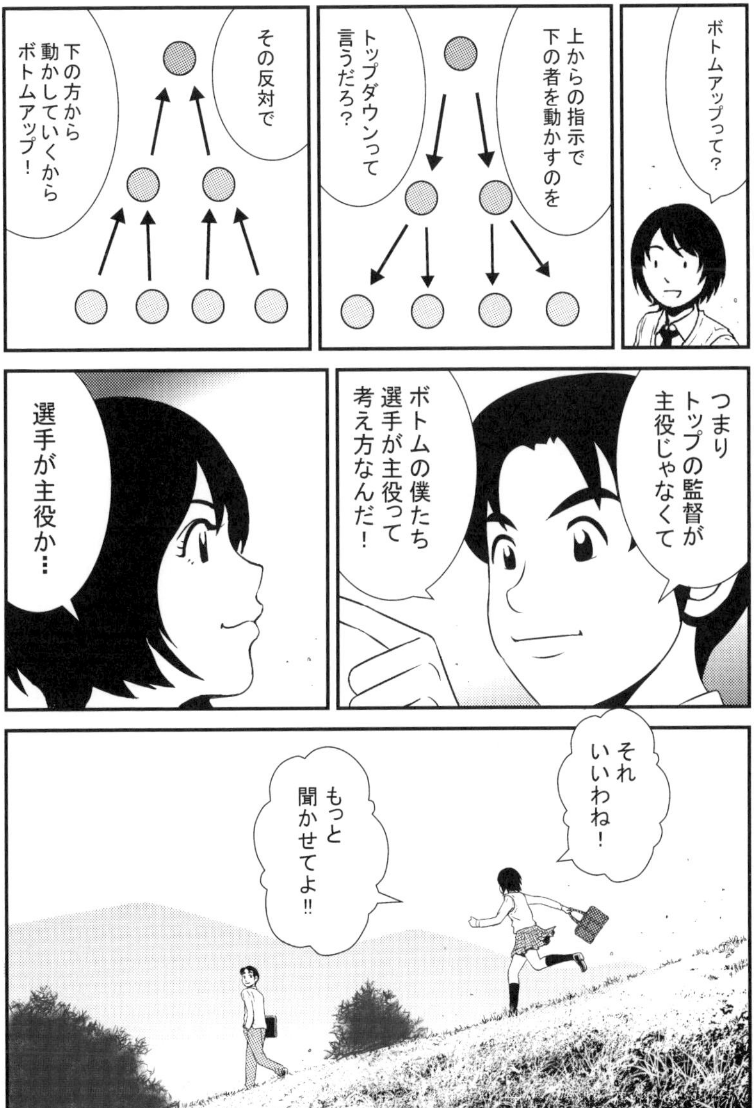
ボトムアップって？
上からの指示で
下の者を動かすのを
トップダウンって
言うだろ？
その反対で
下の方から
動かしていくから
ボトムアップ！
つまり
トップの監督が
主役じゃなくて
ボトムの僕たち
選手が主役って
考え方なんだ！
選手が主役か…
それ
いいわね！
もっと
聞かせてよ!!

Key Word

“選手が主役”のボトムアップ理論

★「上から下へ」ではなく「下から上へ」

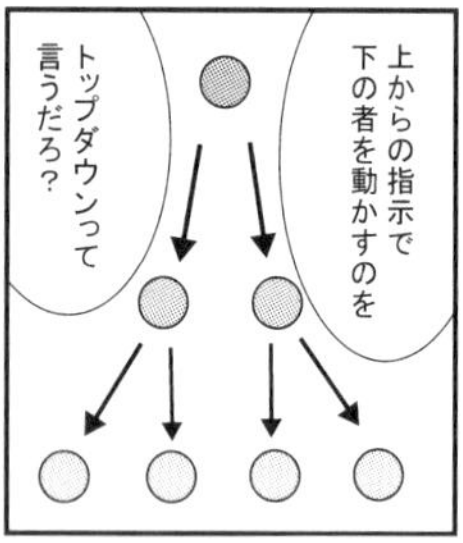

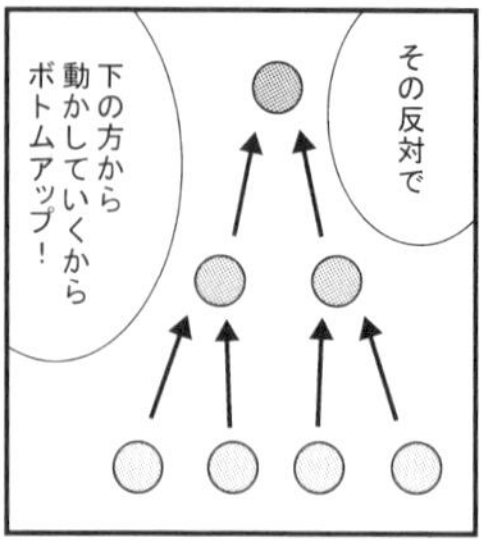

「ボトムアップ理論」とは、文字通り、ボトム（下部）から意見や情報を吸い上げていく考え方をいう。よく「トップダウン」と対比して紹介されるが、ここでは会社組織を例に、その違いを説明しよう。

たとえば、１０００人の社員を抱える会社があったとして、社長（トップ）が指示を出し、社員たちを右へ左へと動かすのが「トップダウン（上意下達）」型の経営だ。社長の決断でものごとが進むから動きは早いが、万が一社長が判断を誤れば、会社全体が間違った方向に進んでしまう恐れもある。

一方、「ボトムアップ」型の経営では、１０００人の社員が会社のビジョン、ミッションを踏まえたうえで意見を出し合い、話し合いながら「よし、こうしよう」と決めていく。現場の意見や情報を吸い上げることで、より実戦的な対応ができ、また、自分の意見が取り上げられることで、一人ひとりの仕事に対するモチベーションも上がる。やる気が高まれば、会社全体の力の底上げも期待できる。

　これをサッカーで考えてみると、監督やコーチ主導で選手が動くのが「トップダウン」型の指導、反対に、選手の自主性、主体性を引き出し、皆で考えながらサッカーを創造していくのが「ボトムアップ（下意上達）」型の指導となる。主役は、一人ひとりの選手なのだ。

★「ボトムアップ」は、誰にでもできる

「ボトムアップ」型の指導は、サッカーのテクニックを教えるというものではなく、選手一人ひとりの能力を認め、リスペクトし、自ら成長していく力を引き出すものだ。

　そのため、指導者のサッカーでの実績や、指導者のライセンスの有無に関わらず、誰でも取り入れることができる。本書の綾菜のように、サッカーを知らなくても、子どもたちを思いやり、大切にする気持ちがあれば始めることができる。

No.

DATE . . . .

もっとサッカーを楽しもう！

一人ひとりが主役になれる！

それが

「ボトムアップ」サッカー!!

2章

チームのミッションとビジョンとは？

え！
キャプテンが!?
ボトムアップ理論を一番理解してるのは津原さんだから
力を貸してくれるんじゃないかな
ほんとに？
ああ
練習日以外ならいつでも相談に乗るよ
は…はい！
ありがとうございます！

ところで川村さん
まだそのクラブを見てないから断言はできないんだけど
君が
そのサッカークラブのマネージャーになってみたら？
へ!?
ボトムアップ理論を僕たちが君にレクチャーして
君自身でサッカークラブを変えるんだよ！
それはさすがに無理ですよ津原さん
川村は吹奏楽部なんだから
……
あ
そうか
私が
マネージャーに……

吹奏楽部
私が変える？
でも…
川村！テンポ速すぎるぞ
あ はいすみません！
川村さん
最近ちょっとあなたらしくないわね
演奏するときは集中しないと他の人にも影響が出るからね
は…はい

何か
悩みでもあるんじゃない？
え！あ…
悩みというほどではないんですけど…
そう…
つまり吹奏楽部とサッカークラブのマネージャーを両立することに自信がないってことね？
はい
中途半端にやると両方に迷惑がかかる気がして…
……
わかったわ
ちょっとこっちにいらっしゃい
？

わあ…
美術室
素敵な絵ですね！
あ！これ
サッカー部の人たちがモデルじゃないですか！
大変だったわ
練習日が少ないからスケッチできる時間も限られてるし
え⁉
これ如月先輩が描いたんですか⁉
ていうか美術部にも在籍してるんですか⁉
そうよ
でも苦労した甲斐があって美術展に入選したの
すごい・・・

時間なんて工夫次第でどうにでもなるんだから
川村さん
あなたもあきらめる前にどちらも全力でやってみたらどう？
どちらも
全力で…
次の練習日
小林監督
田岡コーチ！

私を
里美サッカークラブのマネージャーにしてください!!
え？
みんなが楽しくプレイできるチームにしますから！
あのな…
そんな生ぬるいことをやってて勝てるようになるわけがないだろう！
そもそも君はサッカー経験はあるのかい？
いえ
でも…
チームをより良くするための改善マネージャーとして
お役に立ちたいんです!!

改善ねえ…そんなもんで効果があるとは思えんが
面白そうじゃないか！
私はそういうやり方があってもいいと思うな
やってもらいましょう！
しかし監督…
何かあったら私が責任を取るから！
少しの間試してみるということでさ
そ…そうですか
まあ監督がそこまでおっしゃるなら…
よし！
じゃあ次の試合に向けてやってみるかい？
ありがとうございます!!
私！がんばります!!

翌週の日曜日
いただきまーす！
うまーっ！
ワイ
ワイ
いいなあ
和喜おまえいつもこんなおいしいの食べてんの!?
今日は みんなおなかいっぱい食べてね！
おかわりもあるわよ！
裕太唐揚食わないの？
もらうぜ
あー
楽しみに取っておいたのに！
こらこらケンカしないの！
はーい！
さてと
みんなのお腹も落ち着いたところでちょっと聞きたいんだけど

今のチームでサッカーやってて
楽しいかな？
楽しい？
ん～どうだろう
楽しいときもあるけど…
私が何回か練習を観た限りでは
楽しそうには見えなかったんだよね
それでね
ボトムアップっていうやり方を取り入れてみようと思うんだ！
ぼとむあっぷってなんですか？
んー そうね簡単にいうと
君たち選手が主役になって一緒に向上していこうってこと！
その方が楽しいと思わない？
僕たちが主役かあ…
意味ないと思うなぁ！

いくら楽しくても
勝てなきゃ意味ないよ
じゃあ瀬野くんは勝てさえすれば満足なのかな？
そういうわけじゃないけど…
今日はみんなで
何のためにサッカーをするのか考えてみましょう！
和喜は考えたことある？
僕は
サッカーが好きだからかな…
オレはJリーガーになりたいから！
おーっ！言うねえ
じゃあ僕は日本代表入りするため！
オレはワールドカップ優勝！
僕はアイドルと結婚！
おいおい！

そういう具体的な目標を持つのもいいわよね
でも
もっと違う形の目標があってもいいと思うんだ！
違う形の目標って？
サッカーから学べることって
いろいろあるよね…
ミッションとビジョンって
どういうことですか？
何のためにやるかってことだよ
何のために
ですか？
ああ
これは畑先生の受け売りなんだけど…

勝つことをミッション（目的）と考えてしまうと
それしか目に入らなくなるだろ？
でも
勝ち負けをビジョン（目標）と考えればどうだろう
もし負けたとしても
それを糧に次に向かって進んで行けるよね
そうか！
勝ちにこだわりすぎると大事なことが見えなくなってしまうかも…
お！
川村さんのみこみが早いね！
きっとファシリテーター役もうまくできるよ
あ
ありがとうございますっ！
サッカーをやることでいろんな力がつくよね
みんなは例をあげられるかな？

あきらめない気持ち！
我慢強くなる！
友達が増える！
そう！
つまり 人として生きる力を磨く！
人として成長する！
これを目標にしてがんばろうよ!!
No.
Date
☆人として成長する！
☆人として生きる力を磨く！

Key Word

「ミッション」と「ビジョン」

★「ミッション」と「ビジョン」を決める

「何のためにサッカーをするのか?」という問いの答えはいろいろある。しかし、チームづくりを進める際には、選手全員が共通の意識を持つことがとても重要だ。どれほどサッカーのうまい選手が揃っていても、皆が同じベクトル（全体像）に向かっていなければ、チームは一つにまとまらない。「ミッション」と「ビジョン」は、チームの意識共有には欠かせない要素である。

勝つことをミッション（目的）と考えてしまうと
それしか目に入らなくなるだろ？
でも
勝ち負けをビジョン（目標）と考えればどうだろう
もし負けたとしても
それをかてに勝利に向かって進んで行けるよね
そうか！
勝ちにこだわりすぎると大事なことが見えなくなってしまうかも…

「ミッション」は、「使命、目的」のこと。「ボトムアップ」では、「ミッション」をどう定めるかが大きなポイントになる。畑先生の指導する安芸南高校サッカー部では、「道徳心、倫理観をもった人間力を育成する」ことをミッションとして掲げている。「サッカーがうまくなりたい」とか「Jリーガーになりたい」といったものでなく、さらに視野を広げ、「大人になっても世の中を一人でも生きていく力を、サッカーを通じて身につけていくこと」を意識して決められたものだ。

では、次に「ビジョン」とは何か。「ビジョン」は「目標」のことだ。ここで初めて、「日本一になりたい」、「県大会で優勝したい」といった具体的なものが出てくる。これらを「ミッション」と考える人もいるが、それでは勝負に負けたときに先に進めない。勝ち負けを「ビジョン」とし、「人間力を育成する」ことを「ミッション」とすれば、勝負に負けても、そこから学び、人としての成長が期待できる。

Key Word

ファシリテーター

★皆の意見をまとめ、方向性を導く

「ファシリテーター」とは、中立的な立場で相手の意見や考えに耳を傾け、議論をとりまとめながら、チームの方向性を導いていく人物をいう。

「ボトムアップ」による指導では、選手たち一人ひとりから言葉を引き出し、皆が納得するような結論に導くファシリテーターの存在が欠かせない。

No.
DATE

私たちのミッション(目的)

→人として成長する!
　人として生きる力を磨く!

試合の勝ち負けは、
ビジョン(目標)として設定。

めざせ、ファシリテーター!!
みんなの意見を
ちゃんと聞いて、まとめる!
それが、私の役割。

3章

選手育成の3つの柱

川村
昨日のミーティングどうだった？
わりとうまくいったけど…
実際には
何をすればいいのかなぁ…
畑先生は
選手を育てるためには三つの柱があるって言ってたよ
三つの
柱って？
挨拶（気持ちのこもった挨拶で相手の心の扉を開く）
返事（はい、いいえを自分でしっかり考えて判断する）
整理整頓（心を整え　最高のパフォーマンスを発揮するための準備ができる）

そういった
あたりまえのことを
コツコツ続けることが
一人ひとりの心を磨く
ことになり
それが組織の力を
強くすることに
つながっていくんだよ！
畑先生！
いつのまに
聞いたよ
サッカークラブの
マネージャーに
なるんだって？
あ
はい！
君は元気が
いいから
良いマネージャーに
なれるんじゃないかな
ありがとう
ございます！
がんばります!!
あたりまえの
ことをコツコツ
か…
やるぞ!!

日曜日
おはよう！
篠宮くん挨拶は？
あ…おはようございます
ちーす
・・・・
みんな！
今日のミーティングのテーマは「挨拶」よ！
挨拶って？
サッカーと関係あるんですか？
新山くんは何で挨拶してる？
しないと怒られるからだよなぁ…
うん学校の先生にも言われたし

情けないなあ
怒られるからとか人に言われたからとかじゃなくて
自分から挨拶してみようよ!
自分から?
お互いが笑顔でいい挨拶ができると
気持ちよく練習がスタートできると思うんだ!
主役は
君たちなんだからさ!
おはようございます!!
なんだよ和喜急に!?
こんな感じでいいのかな?
そうね
じゃあみんなで練習してみよっか!
おはようございます!!
じゃあ僕も
これでどう?
こんにちは!!
おはようございまーす!
ちわ!

次の練習日
おはよう！
おはようございまーす！
おはようございます!!
なんだか前より元気になったなぁ
みんな表情がイキイキしてる
タン
タン
ありがとうございました!!
挨拶がちゃんとしてるから見てるこっちも気持ちいいね！
努力すればちゃんと観てくれる人もいるんだ
私もがんばらないと！

吹奏楽部
意外なことにサッカークラブのマネージャーをやるようになってから
部活のほうも以前より集中できるようになってきた
まわりの音もしっかり聞こえるし…
ん？
すごい違和感だな…
岡田先輩
この部分が毎回半音下がってますよ
そんなこと
あなたに言われなくてもわかってるわよ！
そ…そうですか
すみません
……

里美サッカークラブは4年生から6年生までいるだろ？
どうしても下級生は上級生に意見がしにくいと思うんだ
だから
いいものはいいダメなものはダメと言える環境を作らなきゃ！
どうすればいいんでしょうか？
上級生から何かを言われたから「はい」と答えるんじゃなくて
ちゃんと自分で考えて判断して返事をするように心がけるといいよ
これってあたりまえのようだけど　できない人って多いと思うよ
そうかも……
実は僕も畑先生に教えてもらうまではそうだったしね！

そうなんですか？
でも先輩だって間違えることはある
コーチや監督だってね
大事なことは
自分で考えて返事をすること！
そうか！
たとえ返事が「いいえ」でも
臆することなく言える環境が大事なんだ！

よし！
今日からまた気分一新してがんばろう！
おはようございます！
おはよう！
わぁ
なんかすげえキレイになってる！
掃除してると気持ちいいでしょう？
ねえ！挨拶ができたんだから
返事も元気よくしようよ！
あ…
はい!!
ハイ合格！

じゃあ さっそく今日の テーマなんだけど
下級生が上級生に 「いいえ」って言いやすい 環境を作るには
どうすれば いいと思う？
それだと 規律が守れなく なるから
作る必要は ないと思います
そういう考え方も あるわね
他のみんなは どう？
僕は 気楽に やれるように なるからいいと 思います！
楽しくやるのも いいけど
僕が前にいたクラブ みたいに緊張感も あったほうがいいん じゃないかな
実際
それで 強かったもんな
でも 里美は里美の やり方でやった ほうがいいよ！
じゃあ弱くても いいのか？
・・・・

そうか
それから
ずっと考えて
いたんですけど
なんだか
わからなくなって
きたんですよね…
どうやったら
みんなを納得させられ
るんだろう
自分に
置き換えて
みるといいんじゃ
ないかな
自分に…か
ぽんっ
あまり深く
考えないで
気楽にやれよ

応援してるからさ
・・・・
はい！
がんばりますっ!!
吹奏楽部
タッ
ちょっと
川村さん…

さっきからチラチラこっち見てるけど
何が言いたいの!?
あの…
3小節目に入るタイミングが少し遅いと…
わかってるわよ!
もう気が散ってしょうがないのよね!
それくらいいいじゃないの
如月さん…
練習なんだから
早く気付けて良かったくらいに思わないと!
それから川村さんも
気付いたらすぐに指摘することがみんなのためにもなるんだからね!
はい!
・・・・

川村さん
きつい言い方してごめんね
自分でもわかってたんだけど
なかなか直せないからついやつあたりしちゃった…
いえ…私もまだまだミスは多いので
気が付いたらどんどん言ってくださいね！
そうよ
みんなで高めあっていけるようにしましょう！
はい！じゃあ練習続けるわよ！
はい！
そう！
これなんだよね！

次の日曜日
お互いに正直でいられることは互いを高められるということ！
今日のテーマはこれにしよう！
とくに瀬野くんにアピール！
ミーティング
サッカーって
みんなで作り上げるものだと思うんだ！
そのためには
お互いが高めあえるような関係にならなくちゃいけないのよ！
まあ
なんとなくわかるけど…

じゃあ具体的には
どうすればいいんですか?
年上の人にも遠慮なく「いいえ」が言える環境を作ること
それが一番じゃないかな
たしかに
年下でもうまい子が気軽に教えたりダメ出しできるようになるかも…
僕たち初心者も
いろんなことを聞きやすくなるのはうれしいな
そうね!ちゃんと相手のことを考えて意見を言える
チームが強くなるにはそういう環境が大事なんだよ!
強くするためか…

サッカー部
・・・・
このまえはありがとうございました
津原先輩のおかげでうまくいきました…
ん～なんか違うな
まだ途中段階だし…えーっと…何て言おうかな…
何やってんだ川村
わ!!
ウチは今日休みだから
誰もいないぜ？
なんだ野々村くんか
なんだとはなんだよ！
まァせっかく来たんだ部室の見学でもしていくか？
うん！
何もないけどさ

すごい！
運動部の部室って もっと汚いイメージが あったけどスゴく キレイなんだね！
ああ！
オレも最初は びっくりしたよ
中学の時なんか 床にゴミが落ちてるのが あたりまえだったから
それにしても シューズや備品が きっちりそろってて スゴいなァ
今日は休みだから 荷物は少ないけど
試合に行ったときも キレイにするように 心がけてるんだ！
なんでだか わかる？
え？

シューズ並べの数センチ数ミリが
ピッチ上の10センチ20センチの修正やパスを含めた精度につながる
なんて教えられたら 先輩に
妥協できなくなっちゃってさ！
へ～！
実はこれって
ボトムアップ理論の実践の一部なんだ！
そうなんだ!!
入部早々に教えてもらってからみんなで競うように並べたりして
けっこう楽しんでるよ
ありがとう！
すごく勉強になったよ！
あれ そういや何か用じゃなかったのか？
もしかして津原さん？
ん？あ…別にいいや
なんだアイツ…
たたたたた

里美サッカークラブ
ミーティング
はい！
今日のテーマはミーティングの環境よ
ミーティングの環境って
ここのことですか？
そう！
まずサッカーをする環境作りの第一歩は整理整頓からよ
なんだ
掃除ってことか
それよりもサッカーのことを話し合ったほうが良くないですか？
それは
どうかな？
じゃあその理由を聞きに行きましょうか！
え⁉

市営グラウンド
わあ！
すげー!!
安芸南が
練習試合
やってるぞ!!
やっぱり
みんなうまいなァ
ゴールキックで
あんなに飛ぶんだ
速いし！
さすが
全国レベルの
強豪だね！

ハイレベルなプレイを見ることも練習の一環ね！
とか言いながら私も試合見るの初めてだけど…
確かにかっこいいしそれに…
すごく
イキイキして楽しそう！
やっぱり 里美サッカークラブが目指すのは
これだわ!!
わーっすごいよコレ!!
え！
どうした和喜!?

MIZUNO
うわあ！
なんだこれ!?
超キレイに並んでてカッコイイ！
・・・・
こういうことか！
どう？
私たちのクラブの部屋とはずいぶん違うよね
うん！
感動した！
川村
ミーティングも見ていくだろ？
もちろん！

まず今日のスコア5対2
これをどう分析する？
田中！
確かに5点取って勝ちはしましたけど
本来ならあと2点取れたはずです
特に後半開始直後に加藤がフリーになった場面
あそこはパスで逃げる必要はなかったと思います
しかし足の速い相手の10番にマークされてたぞ
そのまま行っても止められる確率が高いんじゃないか？
そうかな
僕は確率よりもそこで勝負することに意味があると思うんだ

みんなが同じように意見を言ってるから
誰が先輩で誰が後輩かわからないね
そう！自由な雰囲気がいいわよね
今日はありがとうございました！
少しは勉強になったかな？
はい！来たかいがありました
みんな目からウロコって感じで
あの…すごくきれいに荷物とか並べてますけど
これ本当に試合と関係あるんですか？

もちろんさ
世界で活躍するサッカーチームのロッカーはめちゃキレイなんだぞ！
そうなんだ!!
オン・ザ・ピッチとオフ・ザ・ピッチ
試合してる時とそれ以外の場面は常にセットで関わりあってるんだ！
だから片方だけが良くてももう一方がダメだとバランスが崩れて
トータルで相乗効果が出なくなる！
なるほど！
よく考えながら靴並べをやってごらん
それがピッチ上で絶対に役に立つはずだから
やっぱり説得力あるなァ
ウチのマネージャーと違って
悪かったわね素人で！

次の日曜日
あと3センチ右ね
あ～行きすぎ！
違うよこっちだって！
カバンはそっちね
でもこれじゃカドが出っぱっちゃうよ
そこは2列にした方がカッコイイんじゃないか？
あ！
マネージャーおはようございます！
おはようございます！
おはよう！
さっそくやってるのね！

これで どうかな？
なかなか いいじゃない
じゃあ これで行こう！
ここの形 考えたの 僕なんだ
色をそろえるのは オレのアイデアね
これけっこう 楽しいよね！
あ！
ここ床の線に 合わせた方が 良くね？
おお！ 確かに
やり直そうぜ！
よし！
また少し 進歩したぞ！

Key Word

選手育成の3本柱
「挨拶・返事・後片付け（3S整理・整頓・掃除）」

★良い生活習慣が選手を育てる

日常生活の中でも「挨拶・返事・後片付け」は大切なこと。サッカーとは無関係のように思えるが、こうした良い生活習慣をコツコツ続けていくことが、選手一人ひとりの心を磨くことになる。畑先生は、前述の「挨拶・返事・後片付け」を「選手育成の3本柱」として指導している。

★「挨拶」で相手の心を開く

挨拶は日常生活の基本となるコミュニケーション。しかし、誰かに強要されて言わされた挨拶では意味がない。自発的に、相手に心からの敬意をはらっていることを示してこそ、本物の挨拶と言える。

心を込めた挨拶は、相手の心にもきちんと伝わるものだ。すると、挨拶された相手もいい気分になり、笑顔になる。挨拶には、相手の心の扉を開き、互いの心をつなげる目的がある。このことをきちんと理解したうえで、1日を清々

しい「挨拶」から始める習慣をつけよう。

★はっきり「返事」のできる環境をつくる

誰かに言葉をかけられたら返事をする。これも日常生活では当たり前の行為だ。しかし、返事はサッカーで言えば、相手にパスを返すようなもの。一対一のコミュニケーションがきちんと成立するよう、一つの返事も大事にしたい。

また、チームや組織づくりの中では、自分の意見をストレスなくはっきり言える環境を整えることが大切だ。上から押さえ付けられるようにものを言われると、萎縮してなかなか自分の意見を返せないこともある。

「ボトムアップ」では、選手が主役。コーチや監督、先輩にも「いいえ」や「私はこう思います」といった意見が抵抗なく言えるような環境づくりを心掛けたい。ミーティングで自分たちの意見を言い合えてこそ、意味のある深い議論になるのだ。

★「後片付け」で鏡を磨くように、心を磨く

部室や荷物置き場を整理整頓する後片付けも選手たちの心を育てるうえでは欠かせない要素だ。一般論で考えても、きれいに整理整頓してからものごとを始めたほうが気持ちよく、心を落ち着けてスタートできる。先生に怒られたことや友達とケンカしたことなどを気にしながらでは、何をしても結局は身につかないだろう。練習や試合の前に身の回りをきれいにし、「よし！　始めるぞ」と心のスイッチを切り替えて平常心でピッチに出れば、正確な判断や的確な行動ができるようになる。世界のサッカークラブのロッカールームを見ても、一流のクラブはだいたいきれいで、二流、三流のクラブは汚いものだ。鏡をきれいに磨けば姿がきれいに映るのと同じように、自分自身を素敵に成長させたいと思うなら、日常生活からコツコツと人生を磨いていくことが大事なのだ。

Key Word

オン・ザ・ピッチ
オフ・ザ・ピッチ

★小さなこだわりが大きな成果を生む

「オン・ザ・ピッチ」は「ピッチの中の部分」

で実際の試合や練習のこと、「オフ・ザ・ピッチ」は「ピッチ以外の部分」の意味で、普段の生活や過ごし方を指す。「ボトムアップ」型の指導では、この二つを相互にリンクする車の両輪のように考える。「オフ・ザ・ピッチ」に

力を入れていることは、前述の「選手育成の3本柱」でもわかる。

安芸南高校サッカー部では、練習や試合の前にシューズやバッグなどを整然と並べることが習慣化している。しかも、そこにはわずか数センチの幅の違いや色柄の見え方など、さまざまなこだわりや相違工夫が見え隠れする。「かばんを並べろ」、「靴を揃えろ」、「きれいにしろ」と誰かに指示されてやるのではなく、自分たちでデザイン、コーディネートする力は、「オン・ザ・ピッチ」での判断や行動にも生かされてくる。「神は細部に宿る」という言葉があるが、小さなことでもコツコツと続けていると、やがて大きな成果がとなって自分たちに返ってくるのだ。

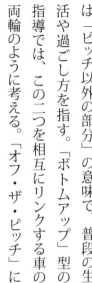

No.

DATE

選手育成の三つの柱

- 心をこめた挨拶をする！
- 「はい」「いいえ」がはっきり言える！
- 後片付け（整理・整頓・掃除）で心を磨く！

「オフ・ザ・ピッチ」をどう過ごす？

神は細部に宿る！

神様はきれい好き

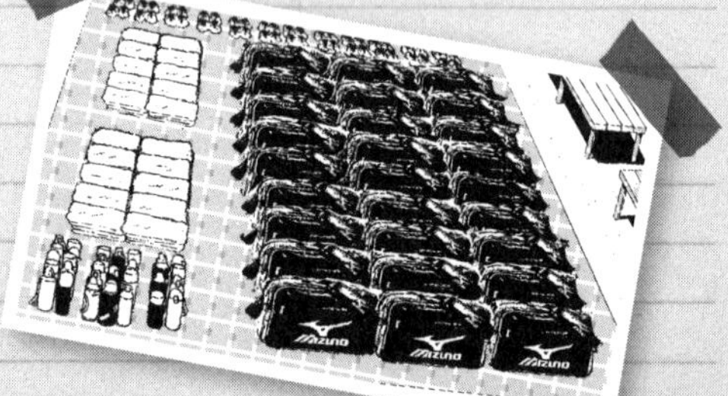

4章

全員が主役、全員がリーダー

なんだ川村
また見学に来るのか?
うん!まだまだ勉強になることがありそうだからね
そうか
でも今日は試合のメンバー発表だからあまり参考にならないかもよ
いいよ!
ていうかそういうところも見ておきたいし
じゃあ
ちょっとピリピリしてるかもしれないから目立たないようにな
うん
サッカー部
6番木村!
はい!
7番坂本!
はい!
8番遠藤!
はい!

・・・・
これが今回僕らが考えられるベストメンバーだと思います
何かありますか質問は？
あの…
オレは入ってないんですか？
吉沢は先週の捻挫がまだ完治してないだろ？
それは…
もうほとんど治ってるし試合までには…
でも練習ではまだ左足をかばっていたじゃないか
無理したら悪化するぞ
・・・・
そういうことだ
わかってくれるか？
はい！
次回は万全の体調で臨めるようがんばります

試合に出る選手って
コーチや監督が決めるのかと思ってた
出場メンバーだけじゃなくて
練習メニューもサッカー部全員で決めるんだぜ！
え！そうなんだ
まずチーム全体で話し合いをして
その後　各学年で話し合った後に選手スタッフを中心にキャプテンが決断する
つまり
3年生だからって試合に出られるわけじゃないんだ
だからこそ
話し合いが大事なんだね！
そう！
例えば前回のメンバー発表のときなんだけど

せっかくみんなの代表に選ばれたのに
納得していない先輩がいたんだ
え！
どうして？
それが
ユニフォームの背番号が大きいのが恥ずかしいからだって
そんなことで？
ああ
背番号は選抜で選ばれた順番で決めるからね
でもチームのために試合に出るのを諦めた選手もいるのに
そんなつまらない事にこだわる選手ではチームプレイができないだろうって意見が出て
で結局
その選手は選抜から外れることになったんだ
津原キャプテンが決断したってこと？
そう
みんなで話し合った後にね

さっきの場合は
津原キャプテンが
リーダーとして
決断したけど
部員一人ひとりが
いろんな役目を持って
それぞれがチームの
ために決断するように
なってるんだ
一人ひとりが
決断か…
つまり
ウチでは部員
全員がリーダー
なんだよ
じゃあ
野々村くんも
リーダーなの？
ああ！オレは
ラインリーダーさ！
グラウンドに
ラインを引くときは
オレが指揮をとる！
まっすぐキレイに
ラインを引くと
気持ちも引き
締まるんだぜ！
そうか！

みんながリーダーになることでチームの活動を自分のこととして捉えられるから
自発的に動けるようになるんだ!!
次の日曜日
今日は
みんなでリーダーを決めたいと思います
え!?
でもキャプテンは瀬野くんで決まってるよ?
副キャプテンは宮澤くんだし
そうね
じゃあ質問だけど
そのキャプテンというのは具体的に何をするのかしら?

何をって…
コーチの指示を僕らに伝えたり
あと
挨拶の号令をかけたりもしてるよなァ
それは
コーチに言われたからやってるだけじゃないのかな？
まあ
それはそうだけど…
もっとみんなが主役のチームになったら
楽しくなると思わない？
みんなが主役って
どういうことですか？

じゃあ まず
キャプテンの役割を考えてみようか？
瀬野くんは
もっとリーダーとして活躍できる場があったほうがいいんじゃないの？
リーダーとして
活躍か…
たとえば試合のメンバー発表もキャプテンがやっちゃうとかさァ！
だけど
それはコーチが決めることでしょ？
今まではね
でも
みんなで考えてみんなで作るサッカーって素敵だと思うんだ
その中でキャプテンはみんなの気持ちのまとめ役よ！
やるのはいいけど…

やったほうがいいよ！
おもしろそうじゃん
じゃあ
やってみようかな…
はい！決まりね！
じゃあ次のリーダーも決めようか！
え？
次のリーダーって？
言ったでしょみんなが主役のチームなんだから
それぞれがいろんな作業のリーダーになってもらいたいのよ！
そして自分に任された仕事を責任持って行う！
それってかっこいいでしょ？
でも
僕たち4年生がリーダーってなんかへんじゃない？

それぞれのリーダーはその担当の最高責任者なんだから
たとえ上級生でもキャプテンでもリーダーの言うことは守らないといけないの！
なるほど！
じゃあ僕やります!!
オレも!!
僕もやりたいです!!
お！
がぜんやる気がでてきたわね！
ここからはキャプテンの瀬野くんに進行してもらおうかな
あ はい
じゃあ
まず初めにどんなリーダーがいたらいいですか？
整理整頓のリーダーは必要だよ！
号令かける役とかも
ボールの準備する人も大事だと思います！
ち ちょっと待って！
落ち着いて一人ずつ順番に言ってくれよ！

はい！
僕はボールを準備する役をやりたいです！
それはいいかもな！
和喜はいつも自分のボール持って来てるしな
よし！
じゃあ 次ユニフォームを管理する役だけど
僕やりたいです！
オレも！
これはシンプルに新山でいいだろ
おまえん家衣料品店だし
あ！そうだね
じゃあオレで！
うんうんいい感じよ…
宮澤副キャプテン！
何か意見はないかな？

ないよ
キャプテンを助けるのも副キャプテンの仕事なんだから
何でもいいから言ったほうがいいよ
別に僕が助けなくても
普通にできてるじゃん!
つーか
ムリに役割を決める意味ってあるのかなァ
たしかに
慎吾の言いたいこともわかるよ
でもホラこのまえ見た安芸南みたいな強いチームにしたいと思うだろ?
だからそのためにも
あのやり方を徹底的に取り入れてみようぜ!!
そりゃあ
強くはなりたいけど…

数週間後
え!?
練習試合が決まったのか?
うん!
芝川町のクラブが声かけてくれてね
ボトムアップ理論の成果をためす
チャンスだな!
でも
まだまだ成果が出るほどはできてないと思うんだよなァ
そうだ野々村くん!
今日ヒマでしょ? 里美サッカークラブの練習見に来てくれないかな?
いいよ!
たいしたアドバイスできないかもしんないけど
里美のグラウンド

コラァ!!
それじゃあ
さっきと同じ
だろーが!!
おまえの場合は
上半身をうまく使わない
から すぐバランスを
崩すんだぞ!
わかってるのか!?
あのコーチ
小学生相手に
キビシイなァ…
言ってることは
間違ってないけど…
ミーティングなんかは
やらせてもらって
いても
素人だから
実際の練習には
口を出せないんだよね!

どどうしたの
ボールを奪いにいった時にぶつかったみたいです
大地くん慎吾くん
大丈夫⁉
な…なんとか
・・・・
慎吾
今のは強引すぎるんじゃないか？

ぜんぜん普通だと思うよ…
いくら大地の足が速くたってあれくらいかわせなきゃ意味ないだろ！
だからといって
練習でケガでもしたら…
いや！
ケガをおそれていては上達しないぞ
わかるな大地！
は…はい
もっと練習します！
よし
おまえら2人でグラウンド一周して頭を冷やしてこい
え!?そんな…
心配いらん
彼らには
こういう厳しさが必要なんだよ
そうかなア…

翌週のミーティング
今日は
こんどの練習試合のメンバーを発表します
ちょっといいかな
あ！小林監督
芝川サッカークラブの監督は旧友でね
むこうの出場メンバーを教えてくれたんだよ
え!? そうなんですか？
すごい!!
知ったところで何ができるのかわからないけど
とりあえず半数は初心者で来るらしい
ホントですか!!
それなら僕たちも勝てるかも!!

でも 芝川は
クラブ員60人以上
いるんだろ？
それでわざわざ
初心者を入れてくる
なんて…完全に
なめられてるなァ
いや…こちらの
レベルに合わせて
くれたんだ
まァ 今回は
気楽にやって
みようじゃないか
じゃあウチの
出場メンバーは
初心者の和喜と
大野くんがベンチで
他の８人が出場する
ということでいい
かな？
はい！
ベンチから
声援を送るよ
よし！
じゃあそれで
キマリ！
がんばろう‼
オーッ‼

試合当日
それで
さっそく今日が試合ってわけか
はい
ちょうど今始まった頃かな
・・・・
オレ やっぱ見に行きます!
ああ! あとで様子を聞かせてくれよ!
里美サッカークラブ 対 芝川サッカークラブ

おお！
けっこう盛り上がってるじゃん！
野々村くん！来たんだ
もう後半始まってるよ
ひとり？
うん 津原さんは用事で来れないってさ
そうなんだ…
それより
いい試合してるんじゃないの？
TEAM 前半 後半
里美 0 0
芝川 3 1
0-4か…
みんながんばってるんだけど…

相手も初心者が多いとはいってても
大勢の中から選ばれてるからけっこううまいし…
あちゃ…
まだチャンスらしい場面もないんだよね…
里美 芝川
0 − 5
お!!
いいぞ大地くん!
行けー!!

大地パス!!
!!
行ける!!
あ!!

TEAM 前半 後半 合計
里美 0 0 0
芝川 3 2 5
0対5…
これが今のチームの実力か…
いや
相手がレギュラーなら10点以上取られていただろうな
大地!
それから他のメンバーも
練習したことがぜんぜん身についてないじゃないか!
やはり甘すぎるんだ
次からはもっと厳しくいくぞ!
コーチ……
いいじゃないですか
また次回がんばればいいでしょ

ですよね
初めての試合なんだし…
そんなことを言ってるから
勝てないんですよ！
さっきのチャンスだって躊躇せずに
うちの慎吾にパスしていれば確実に得点できたはずだ！
……
大地くんもいい選手です！
彼の速さがあったから あのチャンスが生まれたんですよ！
君はサッカーをやったことがないんだろ？
僕はインターハイ出場経験もあるからわかるんだよ
こんなチームでは
いつまでたっても勝てないってね!!

そう決めつけるのは早すぎますよ
宮澤さん！
小林監督！
もう少し長い目で観てやってくれないですかねぇ…
私もそう思いますよ
うちの子なんか
以前と違ってすごく楽しそうにサッカーするようになったし
僕のとこも最近本当にイキイキしてますからね
良くなりますよきっと！
そうですかねぇ
このチームは変わり始めたばかりなんです
みんなも手応えはあったんじゃない？

はい！
いろいろ課題が見えてきました！
よし！
この後の反省会でたっぷり話し合おうぜ!!
Satomi
え！もう反省会ですか!?
失敗を次につなげるためには大事なことですよ
みなさん！
里美サッカークラブはぜったい良いチームになりますから
これからもよろしくお願いします！
パチパチ
パチパチ
パチパチ
パチパチ

・・・・
田岡コーチ
本当のところはどうなんですかね？
やはり…
強くなるためには厳しい練習が必要なんですかね
ええ…
僕は今でも自分のやり方が間違っているとは思っていません…
ただ…
今日の試合
そして最近の練習での子どもたちの様子を観ていると確実に変わってきたのは事実…
もう少しあのマネージャーを信頼してみることにしますか…

川村は
すごいなあ
なにが？
だって あんな
怖そうなコーチや
大人たちを相手に
堂々と自分の
意見を言えるん
だもんな
何言ってんのよ
そういう事が大切だって
野々村くん達が教えて
くれたんじゃない
あ…
そっか…
・・・・・
あのな…
川村…

つきあって
くれないかな?
え!?
……
いーよ!

買い物でしょ？
少しくらいなら寄り道してもいーよ
い…いや
そうじゃなくて
オレ川村のことがす…
す…
す…
あ！うそうそ
今の冗談ね！
じゃあお先ッ‼
……

Key Word

全員でメンバーを決める

★全員で決め、全員で結果を受け止める

「ボトムアップ」では、選手登録やスターティングメンバーはキャプテンを中心に子どもたちだけで話し合って決める。「どうして自分は出られないのか」と納得しない選手がいたら、全員で話し合い、納得いくまで議論する。安芸南高校サッカー部でも、もちろん部員全員で出場メンバーを決める。監督の畑先生が試合に出る選手をキャプテンから知らされるのは、試合前日か当日の朝だ。

自分たちで決めたメンバーで、自分たちが考えたゲームプラン、戦術で戦う。良い結果が得られないこともあるが、それも当然自分たちで受け止める。うまくいかなかったこともその課題と向き合えば、人間力を高める糧となるのだ。

Key Word

一人一役、リーダー制

★一人ひとりが、かけがえのない存在に

「ボトムアップ」は、選手が主役。一人ひとりのやる気を高め、責任感を持たせるために全員リーダー制という仕組みを取り入れている。選手それぞれが一つずつ役割を担うことで、自分もチームに必要な存在であると実感できる。

どのようなリーダーを設定するかも、全員で意見を出し合いながら決める。たとえば、グラウンドのピッチづくりのラインを引くラインリーダーや、練習で使うビブスを管理するビブスリーダー、部室の整理整頓を率先して行う部室整頓リーダーなど、その種類は多岐にわたる。安芸南高校サッカー部では、60種類のリーダーが存在している。

リーダーになった選手は、学年の終わりまで責任をもって任務をまっとうする。担当した分野については、学年に関係なくリーダーの指示のもとに全員が行動する。1年生のリーダーが3年生を動かすこともできるのだ。

- 試合のスタメンも全員で決める！

みんなが納得するまで、
とことん話し合う！

- みんなが主役だから、
みんながリーダーになる！

自分の役割に責任をもつ！
全員がかけがえのない存在！

5章

チームづくりに欠かせない3つの柱

えーっと
土日と水曜の夕方は練習でしょ…
平日はそれぞれ塾とか習いごとやってるしなァ…
綾菜どうしたの？
里美サッカークラブのメンバーともっとコミュニケーションを取りたいんだけど
時間が合わなくてね…
それなら
畑先生みたいにノートでやりとりしてみたら？
え！何それ？
詳しい内容はわからないけどサッカー部員はみんなやってんだって
ノートか・・・・

津原先輩
やっぱりここにいたんですね
ああ川村さんか
ここは一番落ちつけるからね
あのそれってもしかして
これは
サッカーノートとトレーニングノートといってね
サッカー部全員がこの2冊を使って畑先生と毎日やりとりしてるんだ
2冊を毎日ですか？
ああ！
たとえば
どんなこと書くんですか？

サッカーノートでは試合のよかった点悪かった点や今後の決意なんかを
トレーニングノートでは全体練習日以外をどうすごすかを記入するんだ
サッカーノート
トレーニング
自主トレの予定とかですか？
もちろんそれもあるけど
勉強の時間とか友達と遊ぶとかも
24時間きざみで記入するんだよ
すごい…
でも 先生はそんなにたくさん読めるのかなァ…
コメントは短いんだけど
すごくタメになるアドバイスを書いてくれるよ！

たとえばホラ！
これなんかたったひとことだけど
すごくいいヒントになってね
そして結果試合でも活かすことができた！
へえ〜
しっかりコミュニケーションが取れてるんですね
私もさっそく試してみます！
そりゃいいね！
……
あの…
あとひとつ津原先輩にお願いがあるんですけど…

私と
サッカーノートの交換をしてもらえませんか？
え？
私 サッカーのこと まだよくわからないから
里美サッカークラブのみんなにアドバイスできるように勉強したいんです
それと・・・・
・・・・・・
いいよ
僕の勉強にもなりそうだから
あ ありがとうございます!!

里美サッカークラブ
ミーティング
え！ノートを書くの？
なんか宿題みたいだなァ…
ムリすることはないわよ
思ったことをそのまま書くだけでいいから
でも
マネージャーはサッカーのことはわからないんでしょ？
大丈夫！
田岡コーチにもちゃんとアドバイスもらうから
ほんと⁉
そりゃいいや！
今まで怖くて聞けなかったものなァ
今日は最初だから少しだけ書いて提出してみて
水曜日には戻すから
え～！
今書くのかよ～

川村
なんだ文句言ってたわりに
みんなけっこう書いてるじゃん
ステップワークの効率的な練習方法はありますか？…か
やっぱ瀬野くんたちは技術的な質問が多いな
これは田岡コーチに聞かなきゃ…
でも
ひとこと書いておこう
☆向上心を持つのはいいよね
ん？
なんだコレ！
和喜め…
まいっか…
☆そのゆとりも大事だよ！
ひえ〜まだまだある
こりゃ大変だな

翌日
・・・・・
どうでしょうか?コーチ
いい考えかもしれないね
初心者の子どもたちがサッカーのどういう部分で悩んでいるか
今まで想像したこともなかったが
このノートでそれらを知ったうえで指導すれば
上達も早くなるんじゃないかな
は…
はい!!

えーっと…
メンバーは意外とまじめに書いてくれました
田岡コーチも快く引き受けてくれて…
ん?
ダメだ!
これじゃ完結しちゃってて津原先輩への相談にならないな…
もっと質問を増やさなきゃ…
川村~!
の
野々村くん!
聞いたぜ!
津原さんとノート交換始めたんだって?

う…うん ちょっとだけ
ホラ！ 里美サッカークラブのことでいろいろとね
いーじゃん！
津原さんはボトムアップ理論を完璧に理解してるし
的確なアドバイスくれると思うよ！
う… うん
渡しといてやろうか？
あ… まだ途中だから…
そっか
まっ がんばれよ！
うん…
……
つきあってくれないかな
やっぱ あれ
冗談だったのかな…

吹奏楽部
というわけで文化祭で演奏する曲は
ワーグナーの「エルザの大聖堂への行列」に決まりました
個別練習の時間を有効に使って
しっかり覚えておくように！
うわー
こりゃ覚えるの大変だなァ
ソロも多いし
でもがんばらなきゃ
マネージャーの仕事も自分の部活も 両方全力でやるって決めたんだ

川村
ん～…
どうしてもここで引っかかるなァ…
なんだ姉ちゃん
まだ起きてたのか？
今日中にマスターしておきたいからね！
ふぅ
つかれた
もう限界
あ
ノート書かなきゃ

翌日の吹奏楽部
合同練習
ストーップ!!
良くなって
きたんだけど
サックスから
クラリネットに
変わる所で少し
乱れるなぁ…
とくに
川村さん!

ほかのメンバーより少しテンポが遅いんじゃないかな
大事なとこなんだからしっかりしてくれよ！
は…はい！
すみません！
音合わせするにはもう少し練習しておかないとね
めいっぱい練習したんですけど…
ただ練習するだけでは
ダメなのよ！
え？

ひとりで練習
する時も
自分のパートだけ
じゃなくて
他の人たちのことも
考えて練習しなきゃ
そうすることで
初めて
合同練習に
自信をもって
臨めると思うの！
そうか…
全員でいい音を
出すためには
一人ひとりが
吹奏楽部員の
自覚をもって自分を
磨いていかないと
ダメなんだ！
サッカーも
同じじゃ
ないかな？

安芸南のサッカー部は
畑先生とノートのやりとりしてるのは知ってるわよね？
はい！
サッカーノートとトレーニングノートですね！
つまり監督と選手たちがしっかりとコミュニケーションをとりながら
一人ひとりがちゃんと自主トレできているから強いのよ！
私！里美のメンバーにも
自主トレの大切さに気付いてもらえるようにチャレンジしてみます！
じゃあそっちもしっかりね
はい!!

ミーティング
では
前回のみんなの意見をまとめると
持久力をつけたい
バランス感覚を磨きたい
ドリブルがうまくなりたい
ボールコントロールがうまくなりたい
これらはノートにも説明を書いたから
しっかり頭に入れて自主練習に取り組むように！
はいっ!!
じゃあ次回に向けて
他に教えてほしいことがあるひと！

パスをうまく
まわしたいです！
僕は
瞬発力を
つけたいです！
オレ
もっとシュートを
決めたいです！
はい
はい
じゃあ順番に
書いていくわね！
しかし
驚きだねえ
以前とは
別のチームみたいに
活気があるじゃ
ないですか
そうです
ね…
ただ…
これが本当の
強さにつながって
いくかどうか
まだわかりま
せんけどね
強く
なりますよ
きっと…
あの！
ひとつ
いいですか？
はい
瀬野くん！

自主トレも 大事だけど
次の作戦を 考えませんか!?
そうね
そういうのも どんどん やりましょう
前回はたった 1回のチャンスを 逃したんだけど
もう一度 そこから振り返って みようよ…
あれは
僕がムリに シュートに行ったのが いけなかったと 思います
そうでもないん じゃないかな
大地があのまま 一気にシュートに 行くのは正しかった と思うよ
でも
実際は シュートする前に カットされたじゃん
だから その前に 慎吾くんにパスして いれば良かったんだよ

慎吾は
どう思う？
決める自信は
あったよ
いいパスが
来てれば の話
だけど
・・・・
あの時慎吾は
２人にマークされて
たんだぞ
パスを出したと
しても結局相手の
ボールになったん
じゃないか？
だから
いいパスを出して
いればって…
結局相手の
術中にはまった
って事だよ！
それは
どうかなァ
まてよ！
やっぱ悪いのは
大地だろ
ちょっと
待ったーっ!!
そんな責任の
なすりあいを
するんじゃなくて
次回どうすれば
いいかを考えるん
じゃなかったの？

ようするにシュートを決めることを考えるだけじゃなくて
どうやってシュートまでつなげていくかを考えることが大事なんだよ！
そうか
今度の土日の練習では
攻守に分かれてパスをつないでいく練習をしないか？
いいね！
集中的にやれば効果があるかも！
じゃあ
具体的なメニューも考えてみようか
試合形式がいいんじゃない？
あとちゃんと記録つけて競うってのはどう？
ああ それいいアイデアだね！
それでいこう！

・・・・
田岡コーチ
いらしてたんですか…
瀬野くんは
すっかりキャプテンらしくなってきたじゃないか！
そうですね
そして 彼に引っぱられるように
他のメンバーも自主的に動くようになってきたよな
はい！
自主自立か……

はいノート！
みんなのことを良く見ていることがわかって
感心しちゃったよ
あ
ありがとうございます！
それからノートにも書いたけど
畑先生の指導には組織構築の3本の柱があってね
3本の？・
ひとつはフリーの時間をいかに有効に使うか
つまり練習の量より質が大事ということ！
次は選手一人ひとりが互いを感じ合い
先生とノートでコミュニケーションをとりながら信頼関係をつくる
これが信頼と絆だ

そして3つ目が自主自立！
たとえば計画・行動チェック・改善
これを実践すれば失敗は失敗じゃなくなるんだ
つまり向上するために必要なことを自分たちで考えて行動する
これが自主自立ということだよ！
自主自立
みんなできてるよ！
ワイ
ワイ
このチームは大きく進歩してる！
絶対に強くなる!!

芝川サッカークラブ
次の練習試合だが
里美サッカークラブに決まったぞ
え！またあのチームですか？
この前は弱すぎてあまり練習にならなかったけど
まァそうだが
まだ試合に出てないメンバーもいるだろ？
勝ちを味わうというのも練習のひとつだ
今回はくじ引きで出場メンバーを決めようと思う！
監督！
僕
出場させてもらってもいいですか？

里美のキャプテンの瀬野君って
彼が前のチームにいた時に対戦したことがあるんだけど…
芝川サッカークラブ
キャプテン
松岡 淳
うまいのになんであんなチームでやってるのか気になるんですよ
かまわんが
おまえが入ったら二ケタ得点してしまうぞ
いいじゃないですか監督！
シュート練習と思えば楽しいでしょ！
でも
あまり油断はしないほうがいいかもね
そうだな！松岡の言う通り
どんな相手でも全力でやるのが礼儀ってもんだ
じゃあ練習始めるぞ!!
はい!!

組織構築の3本柱
☆量より質
☆信頼と絆
☆自主自立の精神
組織構築の
三本柱を忘れずに
やっていこう
どうすれば良く
なるかみんなで
考えて！
その力を
出し切るために
もっともっと
がんばろう！
吹奏楽部
そして
私も
全力で
チャレンジ
するぞ!!

ずいぶん良くなってきたわね
川村さん
あとは後半に少しだけピッチが甘くなるところを注意すれば
大丈夫よ！
この曲はクラリネットの音が高いから大変だけど
うまく演奏できた時の達成感も素晴らしいからがんばりましょ！
はい！
ありがとうございます!!
如月先輩のアドバイスは説得力があるなァ
しっかり練習して進歩する！
これは吹奏楽もサッカーも同じだよね！
よし！
明日のミーティングもがんばるぞ!!

コーチ！
今度の試合の作戦のことなんですが
メンバーみんなで選手を選んでもらって
どう戦うかも彼ら自身で考えてもらったらと思うんです
すべて任せるということか…
自分たちの発想で勝機を見つけようと努力することが
彼らが進歩するために一番大事なことじゃないでしょうか！
・・・・
そうだな…
やらせてみるか…
ありがとうございます!!

そうそう
とにかく裕太にパスを集めるのがいいと思うんだ
いいだろ？裕太
はい！
じゃあそれを軸にして考えようよ！
ちょっと待って！
ボクの考えはちょっと違うんだ
沢野裕太じゃなくて大野光希を使ったらどうかな
え⁉
僕ですか⁉
なんで⁉
光希はサッカー初心者だし足だってたいして速くないだろ？
年下でも裕太の方がゼンゼン上だよ

僕はキャプテンに賛成だな
真琴くん
たしかに光希はサッカー始めたばかりだけど
すごくがんばってると思うんだ
練習は熱心だし
挨拶や整理整頓は誰よりもていねいだよ！
でも　そんなことより
サッカーがうまいことの方が大事だろ
慎吾！
そして裕太！
このまえ安芸南のキャプテンに教えてもらったじゃないか
オン・ザ・ピッチとオフ・ザ・ピッチの関係のことを
裕太はまだ挨拶や整理整頓が
ちゃんとできていないだろ？
・・・・
たしかに・・・

だから今回は
光希に任せてみようよ！
まわりがしっかりフォローすれば
やれるだろ光希！
賛成‼
僕もそれがいいと思います
それでやってみよう！
僕
やります‼
・・・・
そう…うまいヘタだけが基準じゃない
私たちのミッションはもっと高いところにあるんだから
ワイワイ

Key Word

サッカーノート・トレーニングノート（コミュニケーションノート）

★2冊のノートで互いの絆を深める

畑先生は、安芸南高校サッカー部の部員一人ひとりと2冊のノートをやりとりしている。1冊は試合や練習の良かった点や悪かった点、反省、感想、次への決意などを書き込む「サッカーノート」。もう1冊は、練習の休みの日の1日のスケジュールプランを記入する「トレーニングノート」である。「トレーニングノート」は、自主トレの内容や練習のない時間帯をどう過ごすのかなど、自分で自分の生活をコーディネートする力を鍛えるだけでなく、先生が部員たちの様子を知り、絆を深めるコミュニケーションツールとして役立っている。

Key Word

組織構築の3本柱

「量より質・信頼と絆・自主自立の精神」

★「量より質」の練習で、考える力をつける

畑先生が指導する「組織構築の3本柱」の一つ目が「量より質」の練習だ。安芸南高校サッカー部では、練習日は週に2日と設定されている。練習日以外を自主トレして過ごすのも、サッカー以外のことをして過ごすのも、それぞれの部員の判断に任されている。自分で自分の時間をデザイン、コーディネートする力を身に付けることも「ボトムアップ」では重要なトレーニングになる。

また、週に2回の練習は、練習中のケガを少なくするだけでなく、1回1回の練習への取り組みを熱心にさせる。週2回でどうしたら練習の質を高められるのか、相手に勝てるのかを、自分自身で考えるようになるのだ。

★ノートで築く「信頼と絆」

組織構築の2つ目の柱は、「信頼と絆」である。選手同士はもちろん、選手と監督、コーチとの間にも信頼と絆は不可欠だ。

畑先生は前述のように、安芸南高校サッカー部の全員と2冊の交換ノートを行っている。特に「トレーニングノート」には、部員たちの不安や心配ごと、あるいは悩みなど、いろいろな内容が書かれてくる。それらを受け止めてアドバイスすることで、信頼と絆はより強いものになっていくのだ。

★「自主自立」したチーム運営（自分たちでチームを創る）

組織構築の最後の柱は「自主自立の精神」である。これまで紹介してきたように、「ボトムアップ」型の指導では、監督やコーチが指示を与えるのではなく、選手たちが自分た

ちで考え、キャプテンを進行役に、話し合いながらものごとを決めていく。

そして、判断する際も、サッカーのうまい下手では決めない。たとえば、試合のスタメンを選考するときの優先順位は「①社会性、②賢さ、③うまさ、④強さ、⑤速さ」とされている。どれほどサッカーのテクニックが優れていても、ちゃんと挨拶や返事ができていない、遅刻するような選手がスタメンに選ばれることはない。

自主性を持ち、自分たちでものごとを決めるからこそ、自らを律し、高めていこうという気持ちも育つのだ。

No.

DATE

「サッカーノート」「トレーニングノート」で、
みんなともっとコミュニケーションを
はかる！

組織構築の３本柱

- 練習は量より質だ！
- 信頼と絆を深める！
- 自主自立！自分たちで決める！

6章

ボトムアップで未来へ羽ばたこう!

練習試合当日
里美サッカークラブ
控え室
さてと
見つけにくい
所は……
おはよう
ございます！
おはよう
ございます！
おはよう！
みんな！
試合の前だけど
ちょっと宝探しを
してみない？

宝って
何があるの？
高いものかな？
それは
ヒ・ミ・ツ♡
とにかく
一番に見つけた人には幸運の女神がほほえむかもよ！
よーし！
絶対に見つけるぞ!!
ワイ
ワイ
ワイ
ばかだなあ光希
そんなとこにあるわけないよ
ぬん

みっけ!!
おおっ!!
すごいじゃん光希!
中に何が入ってんだ!?
なんだミサンガか
がっかり
100均で買えるじゃん…
ちょっとォ!それ私の手作りなんだよ!
値段なんかつけられないくらい貴重なんだから!

光希
中身よりそれを見つけたことに価値があるんじゃないか？
そうかもな
今日は光希がラッキーボーイだったりして
はは…なんかそう言われると
今日は行けそうな気がするよ！
よーし！じゃあ光希にあやかって
気合い入れるぞ!!
おーっ!!
うん！いい感じ
みんなの気持ちが一つになって試合に向かってる！

みんなのがんばりは
神様も見てくれてるはずよ！
みんなが主役のゲーム
楽しみにしてるからね！
はい‼
ダダダダダ

がんばってる
みたいじゃ
ないか！
よっ！
津原先輩！
野々村
くんも
はい！
おかげで
みんな楽しんで
やってます！
みんな随分
うまくなったん
だってな？
うん！
和喜は
まだまだ
だけど
前よりもっと
サッカーが好きに
なったみたいだし
それが一番
だと思うよ！
―試合開始―
ピ

行け〜っ！
瀬野くん!!
光希！
あっ
ガ
ッ
何やってんだよ！
ご…ごめん！
ドンマイ！

うまい！
なんか余裕だな
さすが芝川のキャプテン！
SK
10
Satomi
6
か…完全にもてあそばれてる…
まだ始まったばかりよ！
うちのキャプテンだってうまいんだから
残念だなァ瀬野くん
君は里美なんかにいる選手じゃないだろ

・・・・
す…すごい
あんな遠くから…
さすがに他の選手とはレベルが違いますな…

里美が
どこまで粘れるか…
おいおい!
今度はハンドかよ!
光希
気にするな
思いきってやれよ!!
はいっ!
……

川村なに
ウルウル
してんだよ
だって…
前の試合の
時とゼンゼン
違って
みんな本当に
がんばってる
だもん！
!!
いいぞ！
行けーっ!!
今度こそ
決めてやる!!
ちっ

あーっ…
惜しい!!
いいシュートだったよ大地!
この調子で攻めていこう!!
あーあもったいない!
僕なら決めてたのになア…
……

ワー
ワー
ワー
ワー
芝川は急造メンバーではあるけれど
あのキャプテン中心で動きが良くなってきたようですねえ…
ドン
里美 芝川
0－1
……
ホラ！
先に取られちゃったじゃん！

まだまだ
これからよ
これから!!
瀬野くん
やっぱり
前のチームにいた方が良かったんじゃないの？
君と宮澤くんがいてその程度じゃつまんないだろ・
……
うん
そうかもね
TEAM
前半
里美
0
芝川
1

ハーフタイム
やっぱ単純に
シュートを打つ回数が少なかったと思うんだよ
芝川はキャプテン以外も足の速い選手が多いから
ディフェンスもよく考えてつかないとな
後半はもっと積極的にボールを取りに行こうよ！
さっきの大地みたいにさ！
それはどうかなァ
ただシュートすりゃいいってもんじゃないだろ！
つたく大地は進歩がないよなァ！
慎吾！
それは言いすぎだぞ！

言いたいことはわかるが…
あれは完全に大地のボールだったろ？
さァ
どうだかね
・・・・
慎吾！
後半はおまえの代わりに和喜に出てもらうことにするよ
え!?
ボ…ボクがかわりなんてムリです！
まだ試合に出たことないし慎吾くんみたいに動けないし…
キ…キャプテン！冗談だよね？

他のメンバーに不満をもったままで
みんなと気持ちをひとつにできると思うか？
・・・・
後半はベンチでしっかり観ていろ！
それも勉強になると思うからさ…
は…はい…
よし和喜！
みんなでフォローするから思い切りやれよ！
はい‼
後半キックオフ！

ナイスセーブ
優斗!!
まだ続いてるぞ
油断するな!

里美　芝川
0 − 2
TEAM 前半 後半
里美 0 0
芝川 1 1
うまい！
息ピッタリだったなア！

・・・・・
裕太
なんかオレ
ちょっとわかった
気がする…
え？
芝川の選手も
うまい人と下手な
人の差があるけど
みんなしっかり
まわりを見て
プレイしてる…
急造メンバー
なのに
お互い信頼してる
感じなんだよ…
オレ…
自信過剰で
そのへんが全然
足りなかったん
だな…
よし！
こうなったら
全力で応援だ!!
うん！

もう1点
取るぞ!!
ダダダダ
松岡を止めろ!!
フリーにするな!!

まずいな
瀬野くんは
さっきから完全に
マークされてる
こっちも
全力で松岡を
止めないと！
ああ…
一瞬で
4人抜かれ
ちゃった…
楽勝だね！
おりゃあああああっ!!
ズザザ
!?

ザ
ザ
ザ
な…なんだ
コイツ!?
和喜!!
ナイス
カットだ
和喜！

絶対に
取られる
もんか!
おーっ
あの子
小さいけど
ボールの扱い
けっこう
うまいじゃん!
ワ
ワ
そうよ!
和喜は
ボールで遊んでた
時間は誰よりも
長いんだもんね…
いいぞ和喜
キャプテンに
つなげ!
はい!
キャプテン!!
まかせろ!!

おお！
今度はキャプテン同士の対決だ!!
でもあと30秒もうワンチャンスしかないぞ！
ワー
ワー
ワー
ああ…
完全に押さえ込まれちゃった！
勝負ありだね！
まだ終わってないよ！

苦しまぎれにパス出したって
だれもいな…
よし！
大地!!

ビュオオオ
大地
行けーッ!!

光希
ドッ
ダッ
たのむ!!
オッケー!!
Satomi
11

おおお!!
里美が点を取ったーッ!!

すごいぞ光希!!
ミサンガの奇跡だ!!
ピッピー
TEAM 前半 後半 合計
里美 0 1 1
芝川 1 1 2
勝ったのはこっちなんだけどなァ…
でも…
君の選択は間違いじゃなかったかもね
たぶんね…
パチパチパチパチ

いい試合だったぞ！
次もがんばれよ!!
はい！
みなさん！応援ありがとうございました!!
パチパチパチパチパチ
パチ
・・・・
あれ？裕太もう帰るのか？
あ　いや
ホラ　試合が終わったあとの反省会用にスペースつくった方がいいかなと思って…
それより光希くん
ナイスシュートだったね！
うん！裕太の代わりに出てると思って
必死でやったのがよかったのかも

でも…大地くんのスピードがなかったら決まってないよね！
ぼくはこんな時慎吾ならどうするかなァなんて
考えながらプレーしてたんだ！
大地…
オレ　今日ひどいこと言っちゃって
ゴメンな…
別にもういいよ！
それより
オレ慎吾にプレーのことで聞きたいことがあるんだけど
いい？
もちろん何でも聞いてくれっ！
じゃあパスの出し方なんだけどさ…
あ！
これ反省会でやろうぜ！
そっか！

いやぁ
里美さんがここまで変わっているとは思いませんでしたよ…
みんな生き生きしてるし
いったい何があったんですか？
正直なところ
私も驚いているんですよ…
まっ
理由はまだ秘密にしておきましょうかね
そうですか
じゃあ次からはレギュラーメンバーで臨むことにしますよ！
お手やわらかにたのむよ！

ワイ
ワイ
……
みんな いい表情だな…
もっともっと きっと強くなるよ！

川村くん
今日は
いい試合
だったよ！
はい！
みんな
自発的に動いて
ましたよね！
ああ！
そして
選手達がいい
試合をつくり上げて
いった！
君には
感謝しないと
いけないね！
コーチ！
私 思うんです
試合では
仲間同士の「競争」より
みんなで一緒につくる
「共創」が大事だなって…

共創か……
僕も
本格的にボトムアップ理論とやらを勉強してみようかな…
ぜひ!!
ぜひ!!
田岡コーチがボトムアップ理論を取り入れたら
選手のみんながもっともっとがんばって
もっともっと強くなると思いますよ!!
そうか
じゃあしっかり取り組んでいかなくちゃな
コーチ！
これからもよろしくお願いします！
ああ！こちらこそ

津原さん 先に帰ったけど
また ノートで報告 しておけよ
うん!
ありがとう!
それから
川村!
いろいろ がんばれよ!
オレ 応援してる からさ!
…
うん
ゴメンね 野々村くん…
なんで あやまるんだよっ

翌日
よし！
今度こそ！
タタタタ
津原先輩に
告白しよう！
サッカークラブも
吹奏楽部も
そして
恋だって全力で
ぶつかるんだ!!
タタタタ
ガチャ

如月先輩・・・
これって・・・
そうか…
今まで如月先輩が教えてくれたことって…
・・・・・・
ボトムアップ理論そのままじゃん…
せんぱーい！
このこの
なんだかお二人お似合いですね！

津原先輩！
これからもサッカーのことよろしくお願いします！
ああ
がんばれよ！
如月先輩！
私…今度の文化祭
完璧な演奏を披露しちゃいますからね！
たのもしいじゃない！
じゃあ私も最高の演奏をしなくちゃ！

はい！
あらためてよろしくお願いします！
あ！そうだ！
恋愛とかに使える
ボトムアップ理論みたいなのないですかね！
え？
野々村に聞けばいいんじゃない？
そ…それはちょっと…

Key Word

宝探し

★皆で成功体験を共有する

試合前の宝探しには、いくつかの狙いがある。一つにはゲン担ぎの意味合いだ。試合前に良いことを体験すると、試合にも前向きな気持ちで臨める。さらに、宝の発見をみんなで喜ぶことで、選手たちの心が一つにまとまるという効果も期待できる。

本書のストーリーでは、綾菜が手作りのミサンガをロッカールームに隠したが、場所やアイテムに特に決まりはない。大切なのは、宝探しの成功体験を味わうことだ。

Key Word

ボトムアップ・ミーティング

★試合の良かった点、課題も全員で共有

ハーフタイムや試合終了後には、全員でミーティングを行う。試合中の良かった点、悪かった点をあげながら、次の練習での改善点、注意点などを話し合っていく。「ボトムアップ」では、監督やコーチがミーティングを主導しない。気付いたことをアドバイスし、方向性を提案する程度である。

また、試合中に失点した際も、選手たちは監督やコーチのいるベンチを見ることはない。ピッチ上で集まり、次の手や戦略を自分たちで確認し合うだけだ。仲間を信頼し、自分たちの可能性を信じて、解決をはかる。時には意見がぶつかり合うこともあるが、意見を出し合い、議論を尽くせば、やがて皆に共通にする認識が浮かんでくる。こうした話し合いを繰り返すことで、チーム全体の力が高まっていく。良い組織は、認め合い、磨き合い、高め合い、切磋琢磨することで構築する。

あとがき

今回の本は、「ボトムアップ理論」をベースにした漫画です。
これまでも書籍やＤＶＤ、フェイスブックなどでボトムアップのことをお伝えしてきていますが、漫画仕立てにしたのは初めてのことです。
ストーリーを展開しながらボトムアップのポイントをお伝えしていますので、どなたでもすっと読み進められますし、ボトムアップをより身近に感じていただけるのではないかと思っています。皆さん、いかがでしたか？

主人公は、安芸南高校1年生の川村綾菜という女の子です。サッカーのことを何も知らない彼女ですが、弟の和喜が通う地域のサッカークラブの練習風景に疑問を感じたことをきっかけに、周囲の力を借りながら、ボトムアップサッカーに取り組んでいくことになります。

時には悩んだり、子どもたちの衝突があったり、全てが順調に進むわけではありませんが、ボトムアップを実践しながら成長する綾菜と子どもたちの姿は、とても清々しく感じられるのではないでしょうか。

漫画の冒頭、真新しいサッカーウエアを着た和喜がうれしそうな顔で登場します。サッカーができるというワクワクした気持ち、これは僕にも憶えがあります。

僕がサッカーを始めたのは、小学校2年生の時でした。友達が楽しそうにボールを蹴っている姿を見て、自分もやってみたいという気持ちになり、地元の広島大河FCにお願いして入れていただいたのです。

そこで出会ったのが、当時、監督をしておられた浜本敏勝先生です。先生には小学校、中学校と指導していただきましたが、この時代のサッカーは本当に楽しい思い出です。先生が実践しておられたのは、〝選手が主役〟のサッカーでした。練習も試合も、みんなで話し合い、実践し、うまくいかなければ、またみんなで意見を出し合って課題を解決するという〝自主自立〟の精神を鍛えていただいたし、なによりもサッカーの楽しさを体感させてもらったと思っています。この経験が、現在の僕の指導の礎石になっています。
僕は、たくさんの子どもたちにサッカーの楽しさを伝えたいという思いから、指導者の道を選びました。そして、自分なりに指導を実践していく中で今の「ボトムアップ理論」が構築されたのです。
その後の僕の活動や成果は、これまでもさまざまな形で皆さんにご紹介しています。本書の読者の中にも、ご存知の方がいらっしゃるかもしれませんね。
２００６年、当時、サッカーではまったく無名の広島県立広島観音高校が初出場にして初の全国制覇を成し遂げました。僕が同校に赴任し、ボトムアップの指導を始めて10年目のことです。それ以降もチームは快進撃を続け、今でも全国大会の常連校として活躍しています。
また、２０１１年に赴任した広島県立安芸南高校のサッカー部も少しずつ力を磨き、現在はトップリーグ（県1部）でベスト8までになりました。ボトムアップ指導を取り入れてから5年、最下位リーグ（県4部）からここまで上がってきた選手たちの成長ぶりは、本当に素晴らしいのひとことです。

こうした成果を「畑マジック」、「畑ミラクル」などと伝えるメディアもありますが、ボトムアップの主役は僕ではありません。選手が主役です。彼らが自分たちで話し合い、意思決定し、実践し、浮かび上がった新たな課題にまたみんなで取り組んでいく。〝自主自立〟の力を磨きながら成長を続けていくのです。

本書の中で彩菜も言っていますが、僕は、サッカーチームのミッションは、試合に勝つことではないと思っています。勝った負けたはあくまでも一つの通過点。それよりも、サッカーを通して「将来、世の中に出たときに一人でも生きていける力をつけること」、「人として成長すること」が大切だと考えています。ボトムアップを実践する選手たちは、日々の活動からきっと多くのことを学んでくれていると思います。

そして、最近の僕がつくづく思うのは、ボトムアップはサッカーに限ったことではないということです。実際、バスケや野球、ラグビー、バレーボール、陸上、テニスなど、サッカー以外の種目からの部活の見学や講演の問い合わせが増えています。年代的にも幼稚園や小学校、あるいは社会人の方々の前でお話する機会も多くなりました。

つまり、ボトムアップという概念がタテ（＝年齢にとらわれない）にも、ヨコ（種目や立場にとらわれない）にも広がっているということです。こうした期待に応えられるよう、ボトムアップをさらに多くの方々に知っていただくために、また、ボトムアップを実践する方々を支える環境づくり、指導の軸のために、これからも力を尽くしていきたいと思います。

最後に謝辞です。この本が出版されるにあたって、たくさんの方々に協力、影響をいただきお礼を申し上げたいと思います。私のボトムアップ理論のルーツで生涯の恩師である広島大河ＦＣ総監督の浜本敏勝先生には今でもいつもアドバイスをいただき本当に感謝しています。

また一緒にボトムアップ式指導を全国に発信し活動しているボトムアップファミリーである亀岡市立東小学校・高田中学校の橋本和人先生、高山ＦＣの津田尚幸さん、ＦＣエルソルの西脇和治さん、綾羽高校サッカー部の岸本幸二監督、松商学園サッカー部の高山剛治監督、堀越高校サッカー部の佐藤実監督、秦野高校サッカー部の越川祥男監督、スエルテジュニオルス横浜の久保田大介代表、また他競技で影響を受けたボトムアップ式指導で初めて甲子園に行かれた小豆島高校野球部の杉吉勇輝監督、山梨で10年ぶり県ベスト4に入った都留高校野球部の柏木洋和監督、他にもたくさんの方々に支えられ、いつも多大なるサポートとご支援、ご指導いただいています。この場を借りて感謝申し上げます。

また、企画、構成、編集の担当やアドバイスをしていただいたザメディアジョンの田中朋博さん、メディアプロデューサーの山本安彦さんには大変お世話になりました。そして本書の出版を決めていただいたザメディアジョンさんにも大変感謝申し上げます。

そして、この本を手にしてくださった全ての方に感謝を申し上げます。

漫画の登場人物に共感し、ボトムアップに少しでも興味を持ってもらえたらうれしいですし、「よし、やってみよう」と、ボトムアップの波がさらに広がっていってくれたならとても幸せなことだと思います。

皆さん一人ひとりが、ボトムアップで人間力に磨きをかけ、素敵な人生を送られるよう、心からお祈りしています。

広島県立安芸南高等学校サッカー部監督　畑　喜美夫

２０１６年７月１日

【プロフィール】

著者・監修：畑 喜美夫（はた・きみお）

１９６５年１１月２７日生まれ。広島県広島市出身。小学校２年生から広島大河フットボールクラブでサッカーを始める。その後、東海大一（現・東海大付属静岡翔洋高校）へ越境入学。静岡県選抜で長谷川健太（ガンバ大阪監督）や三浦泰年（カターレ富山監督）らと国体２位。U-17 日本代表にも選ばれる。順天堂大学に進学し、２年時に U-20 日本代表を経験。４年時に関東選手権、総理大臣杯、全日本インカレの三冠に貢献。現役として全国優勝を３度果たす。卒業後は、廿日市西高校を経て、１９９７年に広島観音高校へ赴任。自らの考え行動する力を引き出す「選手主体のボトムアップ理論」を用い、２００３年に初の全国大会に導き（全日本ユース大会ベスト１２）、２００６年は全国高等学校総合体育大会サッカー競技大会のインターハイで初出場初優勝の全国制覇の快挙を果たした。その後も数々のタイトルを獲り、全国大会も１３度出場し、プロ選手（Ｊリーガー）も十数名育てた。日本サッカー協会公認Ａ級ライセンス、日本体育協会上級コーチも取得している。２００９年には U-16 日本代表コーチに就任した。現在は広島県立安芸南高校に赴任し、４年目で弱小チームを県ベスト８まで引き上げた。フジテレビ「とくダネ」、日本テレビ「世界一受けたい授業」に特集され、テレビ朝日「ニュースの深層」に出演した。また本の出版、雑誌連載、DVD、ラジオ、Ｊリーグ解説、２０１５年７月には一般社団法人ボトムアップパーソンズ協会を設立し代表理事も務め、全国各地への講演活動（年間 80 本）など多方面で活躍している。

〈一般社団法人ボトムアップパーソンズ協会〉

http://bup-hiroshima.wix.com/bup-hiroshima

■参考文献

・広島観音サッカー部はなぜ強くなったのか

・子どもが自ら考えて行動する力を引き出す　魔法のサッカーコーチング

まんがでみる ボトムアップ理論

〈検印廃止〉

2016 年 8 月 1 日　第 1 刷発行

著　者　畑喜美夫

発行者　山近義幸

発行所　株式会社ザメディアジョン

〒733-0011　広島市西区横川町 2-5-15　横川ビルディング

電話　営業部 082-503-5035　　編集部 082-503-5051

FAX　082-503-5032

http://www.mediasion.co.jp

印刷所　株式会社シナノパブリッシングプレス

ISBN978-4-86250-438-8 C0034